TREINAMENTO EM ACADEMIA

Dados Internacionais de Catalogação na Publicação (CIP)
(Câmara Brasileira do Livro, SP, Brasil)

Lima, William de
 Treinamento em academia / William de Lima. — São Paulo: Ícone, 1996. — (Natação em Academia).

ISBN 85-274-04008-7

1. Natação 2. Natação - Treinamento I. Título. II. Série.

96-1661   CDD-797.21007

Índices para catálogo sistemático:

1. Natação: Ensino: Esporte   797.21`007
2. Natação: Treinamento   797.21007

WILLIAM DE LIMA

TREINAMENTO EM ACADEMIA

© Copyright 1996,
Ícone Editora Ltda.

Série Natação em Academias

Apoio SEEAATESP
*Sindicato dos Estabelecimentos de Esportes aquáticos,
aéreos e terrestres do Estado de São Paulo*

Coordenador
Prof. Gilberto José Bertevello

Colaborador
Prof. Paulo Henrique Bonacella

Diagramação
Rosicler Freitas Teodoro

Revisão
Vilma Maria da Silva

Proibida a reprodução total ou parcial desta obra, de qualquer forma ou meio eletrônico, mecânico, inclusive através de processos xerográficos, sem permissão expressa do editor (Lei nº 5.988, 14/12/1973).

Todos os direitos reservados pela
ÍCONE EDITORA LTDA.
Rua das Palmeiras, 213 — Sta. Cecília
CEP 01226-010 — São Paulo — SP
Tels. (011)826-7074/826-9510

O autor

Professor de Educação Física pela Faculdade de Educação Física de Santos.
Técnico de Natação pela Faculdade de Educação Física de Santo André.
Psicólogo Clínico pelo Instituto Metodista de Ensino Superior São Bernardo do Campo.
Técnico da Seleção Brasileira de Natação de 1977 a 1984.
Técnico de Natação do Esporte Clube Pinheiros de 1974 a 1984.
Técnico de Natação do Clube Atlético Paulistano de 1985 a 1988.
Técnico de Natação do Clube Paineiras do Morumby de 1988 a 1991.
Supervisor Técnico da Seleção Brasileira de 1989 a 1992.
Prêmio de melhor técnico do ano de 1983. Mérito Esportivo Brahma.
Supervisor Técnico de Natação do Clube Atlético Paulistano - 1991 a 1993.
Supervisor Técnico na Seleção Brasileira nos Jogos Panamericanos, Havana, Cuba, 1991, com 3 medalhas de ouro, 3 de prata e 3 de bronze.
Supervisor Técnico do Sport Club Corinthians Paulista — Extra Hipermercados.
Prêmio de melhor técnico do Estado de São Paulo 1984 — Associação dos Técnicos do Estado de São Paulo.
Atualmente: Professor de Disciplina de Natação das Faculdades Metropolitanas Unidas.
Supervisor Técnico de Natação do Clube Atlético Paulistano.
Diretor da Escola Dolphins — Natação e Ginástica.

Membro do Conselho Técnico de Natação da Confederação Brasileira de Desportos Aquáticos.
Membro do Conselho Técnico de Natação da Federação Paulista de Natação.

Agradecimentos

À Sandra, Carol e Roberta, pela paciência e compreensão dos momentos de ausência, pelo amor à profissão.

Aos atletas que durante estes anos estiveram sob minha supervisão e orientação, pela aceitaçao do meu trabalho.

Índice

Introdução 11

Capítulo 1
Treinamento em natação 13

Capítulo 2
Hidrodinâmica e Biodinâmica dos estilos 17

Capítulo 3
Exercícios corretivos x Processo pedagógico 21
— Crawl - exercícios 23
— Costas - exercícios 27
— Golfinho - exercícios 30
— Peito - exercícios 33

Capítulo 4
Bases fisológicas do treinamento em natação 37

Capítulo 5
Psicologia do treinamento 54

Conclusões 60

Bibliografia 63

Introdução

Atualmente trabalho com atletas de médio nível, categorias de juvenil a senior, mas tive oportunidade há alguns anos atrás de trabalhar com atletas iniciantes. Durante algumas temporadas fui o técnico responsável pela renovação dos atletas do Esporte Clube Pinheiros.

Muitos dos relatos aqui apresentados são frutos das vivências e experiências deste período e somente Deus sabe o quanto agradeço aos atletas que estiveram sob minha orientação técnica, a experiência, os objetivos e as nossas realizações. Como uma comprovação social que o esporte auxilia; e muitos, os indivíduos, todos eles são excelentes profissionais nas diversas áreas em que atuam.

Através deste livro tenho como objetivo o de realizar uma viagem sobre a introdução ao treinamento em natação, principalmente para atletas e técnicos iniciantes e do período pré-pubertário, ou seja, dos 8 aos 15 anos, ou mesmo para atletas acima desta faixa etária, mas que estejam iniciando os seus treinamentos para Biathlon, Triathlon, travessias, masters e condicionamento físico através da natação.

Neste relato de experiências, apresento no primeiro capítulo observações sobre *hidrodinâmica* e *biomecânica* dos estilos. Praticamente não é uma análise dos estilos e sim dos movimentos e das variações através dos anos. É um breve histórico dos movimentos até os últimos estudos dos movimentos na água.

No segundo capítulo, escrevo sobre a importância dos exercícios da técnica dos estilos. Muitos atletas utilizam exercícios pedagógicos que são mais interessantes para os aprendizes, pois seu grau de dificuldade é maior. Quando os atletas apresentam erros ou determinadas deficiências são necessários exercícios corretivos, ou seja, exercícios específicos para determinadas alhas. Para cada estilo coloco vários exercícios como sugestão e nos exercícios vocês encontrarão orientações do nível de utilização, como:

A - mais utilizados pelos aprendizes;
B - mais utilizados e adequados para os alunos de aperfeiçoamento;
C - mais utilizados e adequados para os atletas de treinamento.

Mesmo em alguns exercícios com a orientação somente para treinamento, encontramos determinado grau de dificuldade e que deverão ser aplicados para atletas com mais experiências. No terceiro capítulo, descrevo e relato dados sobre as bases fisiológicas do treinamento, as fontes de energia, o volume e a intensidade, as séries de treinamento, as faixas etárias e análise da duração, freqüência e os exercícios adequados, os macro, meso e micro ciclos de treinamento, ou seja, a periodização.

No quarto capítulo, escrevo sobre a psicologia, os objetivos, metas e estratégias como motivação, criatividade, saber vencer as dificuldades e a pressão da competição. Espero que vocês aproveitem, questionem e critiquem. E um lembrete: No momento em que estes relatos foram escritos, muitas outras experiências já foram realizadas, ou seja, uma obra é sempre inacabada, em se tratando de ciência, evidentemente.

Capítulo 1
Treinamento em Natação

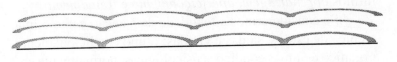

Treinar nadadores para o futuro é uma arte tão nobre quanto treinar nadadores de alto nível. Talvez, na minha opinião, mais difícil, pois além de exigir do técnico conhecimentos sobre a técnica, a fisiologia e psicologia, ele trabalha com nadadores que ainda não sabem se podem estar no topo da natação algum dia. Motivá-los a enfrentar os desafios atuais e preparar-se para o futuro desconhecido é uma das tarefas das mais difíceis.

Para se obter sucesso como técnico iniciante, não basta ter conhecimentos das áreas da Educação Física competitiva, mas sim gostar da competição, dos seus desafios, objetivos e ensinamentos. O técnico que passa para os seus nadadores vibração e energia da competição gradualmente e respeitosamente é um artista da profissão. Sendo assim a condição mais importante para o técnico iniciante ou de nadadores em fase de iniciação competitiva é gostar da competição, dos seus desafios e passar este sentimento para os seus nadadores.

Durante anos tenho tido a felicidade de ser convidado para proferir palestras a futuros técnicos de natação e é comum surgir a pergunta: *Dentro da estrutura da natação competitiva, qual a parte mais importante?* Sem dúvida o elo de ligação entre os nadadores aprendizes e os nadadores atletas são os cursos de aperfeiçoamento, nele é que os futuros atletas adquirem a conscientização para a natação competitiva. Se temos professores motivados e que introduzem a competição para os seus alunos gradualmente, e que os motive, teremos bons e futuros atletas.

Para explicarmos melhor este ponto é importante definirmos *aprendizagem, aperfeiçoamento* e *treinamento*.

Se considerarmos a realidade da natação como ótima técnica de estilos, saídas e viradas; ótimo condicionamento orgânico e ótimas condições psicológicas, normalmente encontradas nos atletas de nível, podemos definir:

Aprendizagem: O aluno estar diante de um fato novo, diminuindo sua necessidade de aprender, fazendo com que colocarmos os alunos em situações simplificadas da realidade, ou seja, o que importa são os movimentos globalizados, rústicos, não detalhados (Gestald), aprender através do todo.

Aperfeiçoamento: Colocar os alunos adiante de exercícios próximos à realidade da natação, em que os detalhes começam a ser enfatizados; a técnica dos estilos, saídas e viradas, aperfeiçoados. Introdução da base do condicionamento fisiológico e desenvolvimento do prazer do nadador pela natação e gradualmente pela competição.

Treinamento: Colocar o indivíduo diante de uma situação em que ele se auto-supere, que ultrapasse o limite da sua realidade, seus tempos e dificuldades, que supere seus adversários e conseqüentemente realize seus objetivos.

Uma criança poderá iniciar seus treinamentos adequadamente a partir dos 8 anos, antes disto realizará atividades como aprendizagem e aperfeiçoamento.

Ao iniciarmos a criança dentro do processo competitivo, desenvolvemos algumas etapas como:

1^a *etapa:* Tomada de tempo individual sem comparar alunos com alunos.

2^a *etapa:* Tomada de tempo comparando alunos da mesma turma, premiação para todos, sem distinção de lugares, mas sim de participação.

3ª etapa: Realização de festivais internos de escolas ou clube, premiação para todos, sem distinção de lugares, mas sim de participação.

4ª etapa: Festivais ou competições com uma ou mais escolas ou clubes do mesmo nível técnico.

Após o desenvolvimento das etapas acima, as crianças sentem-se mais seguras e conscientes do que representa uma competição. Temos que ter o cuidado de não copiar esquemas competitivos de nadadores pós-pubertários ou com alguma experiência, em que há distinção dos primeiros lugares. Na década de 50, foi criado na costa Oeste dos Estados Unidos, precisamente na Califórnia, um esquema competitivo baseado em agrupamento de idades, em que cada faixa-etária possui quatro níveis, com objetivos de separar as crianças mais fortes das mais fracas e aumentar as chances de premiação. Infelizmente são poucas as iniciativas no Brasil de eventos com esta organização.

Capítulo 2

Hidrodinâmica e Biomecânica dos estilos

Ao analisarmos tecnicamente nossos nadadores, devemos ter noções sobre os movimentos realizados e dos motivos que fazem com que a eficiência mecânica melhore. Periodicamente técnicos de natação, especialistas em biomecânica e hidrodinâmica, através de suas pesquisas e estudos, procuram observar os atletas na água e estudam as direções dos movimentos. Como professores e técnicos temos que observar e analisar mais vezes e questionar a razão dos movimentos.

A natação, através dos anos, passou por várias tendências: primeiramente, dava-se muita importância ao estilo, mas os técnicos não tinham conhecimento teórico da origem e os motivos dos movimentos; depois, deu-se mais importância ao volume do treinamento, menos importância ao estilo; hoje, encontramos uma forte tendência à eficiência mecânica conscientizada, ou seja, o conhecimento dos movimentos por parte dos atletas e técnicos.

Eficiência mecânica, volume de treinamento e intensidade são três estratégias importantes no treinamento moderno. Hoje encontramos laboratórios adequados na observação e análise dos movimentos dos nadadores, assim como modernas técnicas de filmagem.

Mas como chegamos ao estágio atual na análise dos movimentos do nadador? Um breve histórico relata experiências interessantes: Entre 1968 e 1970, *J. Coulsimann* e *C. E. Silva* analisaram as técnicas dos atletas e introduziram as primeiras leis científicas dos movimentos dos nadadores, como a *lei da ação e reação*, as resistências que o corpo sofre no deslocamento na água. Comparando mãos e pés dos nadadores como remos, acreditavam que os nadadores *empurravam a água diretamente para trás sob a linha média do corpo pela maior distância possível*, utilizando uma propulsão através da resistência da água, a *força de resistência*. Em 1971, *J. Coulsimann e Ronaldo Brown*, através de filmagens de atletas com lanternas acesas nas mãos nadando numa piscina escura, concluíram que os movimentos também eram realizados através da *sustentação hidrodinâmica* e não somente da força de resistência; sendo assim, duas forças interagiam no movimento dos nadadores: a *força de resistência e a de sustentação*. A partir desta conclusão os movimentos não somente eram realizados para trás, mas também para as laterais e verticais. Em 1977, *Plagenhoff* e *Schleihauf* estudaram os movimentos dos nadadores e chegaram à conclusão de que a sustentação hidrodinâmica também é uma fonte da propulsão.

Durante este período de análises dos movimentos, um princípio de aerodinâmica incorporou-se à natação: o *Princípio de Bernoulli*:

"No fluido, o corpo desloca-se melhor quando uma grande quantidade de água é deslocada a uma curta distância, e em pontos diferentes". Diferentemente do proposto por Coulsimann no início das suas investigações científicas: *"empurrar a água pela maior distância possível"*.

Para o atleta alcançar uma melhor forma de sustentação é importante controlar a posição das mãos e dos pés durante braçadas e pernadas. A sustentação *sugere* movimentos de elevação para cima, mas na verdade são movimentos em qualquer direção.

Apesar da relutância de alguns técnicos na aceitação da força de sustentação, os especialistas em hidrodinâmica e biomecânica continuaram pesquisando sobre esta força e concluíram que força de resistência e força de sustentação, quando combinadas, criam uma *resultante*, pois a força de sustentação é perpendicular à de resistência; denominaram esta combinação das forças de *força propulsiva*, isto quer dizer que *quanto mais força propulsiva maior a eficiência mecânica*. Sendo assim, uma braçada será em geral mais propulsora, quando a força resultante atua para a frente, pois necessitará de menos força muscular para obter a mesma quantidade de propulsão. Quanto melhor a eficiência mecânica, menor o número de braçadas.

Em 1981, na clínica dos técnicos de natação americanos (ASCA), em Chicago — USA, J. Coulsimann e colaboradores da Universidade Indiana apresentaram um trabalho sobre "A Velocidade da Mão durante a braçada" e chegou à conclusão de que a braçada dos nadadores ocorre progressivamente, durante o decorrer da braçada. O que mais impressionou foi o fato de os nadadores analisados, nas filmagens subaquáticas, nunca receberam orientações dos seus técnicos para incrementar velocidade progressiva durante a trajetória da braçada.

Recentemente, através de suas publicações Swimming *Faster*, Ernie Maglischo preconiza que a velocidade do nadador depende de:

1 - eficiência mecânica;
2 - força muscular;
3 - flexibilidade das articulações.

Outros dados importantes:

— continuidade dos movimentos das braçadas;
— posicionamento dos ombros no momento da respiração (Crawl e Costas).

Capítulo 3

Exercícios Corretivos x Processo Pedagógico

Com a vinda de inúmeros treinadores estrangeiros, principalmente os americanos na década de 70, para o Brasil, muitos professores incorporaram aos seus métodos de aulas exercícios para uma melhor compreensão e aprendizagem, exercícios esses apresentados pelos treinadores em suas palestras. Alguns treinadores lançaram fitas de vídeo, como Dick Hanulla, e os exercícios foram amplamente divulgados à natação brasileira. Sob o ponto de vista técnico o aproveitamento dos exercícios foi ótimo, mas muitos professores adaptaram os exercícios para a aprendizagem. Alguns exercícios auxiliaram o processo pedagógico, mas outros prejudicaram, como o *exercício de braçada dupla*. Encontramos bons atletas com a sua velocidade prejudicada, devido à utilização desta variação de exercício.

Alguns professores não utilizam o senso crítico na adaptação de exercícios corretivos ou para uma melhor técnica e acabam prejudicando seus alunos no futuro.

Quando estou de frente a exercícios novos, utilizo as seguintes estratégias para analisá-los:
1. grau de dificuldade;
2. faixa etária;
3. nível do aluno;
4. recursos para melhor utilizá-los (pé de pato-flutuadores);

5. erro técnico específico para utilizá-lo;
6. metragem - séries - quantidade e intensidade.

O treinador e o professor devem analisar o que é importante no exercício, ou mesmo, na utilização de outros recursos como pé de pato, palmar, prancha, calção de bolso, elástico; devem analisar onde termina a *técnica*, os *objetivos*, e começa o *comércio*, a *moda*, o *status*, e a nossa falta de capacidade de analisar melhor o nosso conteúdo programático, objetivos, etc.

Ao aplicarmos exercícios corretivos para os *atletas*, ou *alunos do aperfeiçoamento*, devemos chamar a atenção, quanto à propulsão das pernas, pois quando eles utilizam uma braçada e não dão ênfase à propulsão das pernas há uma perda da estabilidade desequilíbrio do corpo.

Outro detalhe dos exercícios é o atleta realizar metragens curtas com intervalos suficientes, para que possa realizar o exercício com uma técnica ideal.

O objetivo dos exercícios corretivos é a técnica ideal e isto o *atleta* consegue quando o seu tempo é bom e realiza um número ideal de braçadas; isto significa menor investimento energético.

Segundo *Maglischo*, os atletas podem nadar mais rápido ou usar menor esforço muscular em velocidades sub-máximas, quando os seus membros se movem nas direções certas, numa velocidade ideal, com as mãos e pés inclinados, no ângulo de ataque adequado. Analisando atletas chegou-se à seguinte conclusão:

ESFORÇO MUSCULAR RELATIVO	DISTÂNCIA RELATIVA POR BRAÇADA	ENERGIA GASTA	EFICIÊNCIA RELATIVA
mais força para a mesma quantidade de propulsão	menor distância da braçada	mais energia rendimento mais rápido	menos eficiente
menos força para a mesma quantidade de de propulsão	maior distância da braçada	menos energia menor número de braçadas	mais eficiente

Crawl - Exercícios

A = Aprendizagem
B = Aperfeiçoamento
C = Treinamento

1 - Braço esquerdo estendido segurando uma prancha, braço direito realiza a braçada contínua, o professor poderá ajudar o aluno a realizar o movimento contínuo .... A-B

2 - Braço direito estendido segurando uma prancha, braço esquerdo realiza a braçada contínua, o professor poderá ajudar o aluno a realizar o movimento contínuo .... A-B

3 - Realizar um dos exercícios anteriores realizando a respiração lateral, optando pelo lado em que o aluno tenha mais facilidade .... A-B

4 - Em pé realizar o movimento contínuo na braçada, braço direito entra na água, braço esquerdo sai. 1ª Fase - olhando a mão entrar na água; 2ª Fase - mesmo movimento com a cabeça na água .... A

5 - Braço esquerdo estendido, braço direito realiza a braçada; .... A-B-C

6 - Braço direito estendido, braço esquerdo realiza a braçada; .... A-B-C

7 - Pernada submersa; .... A-B-C

8 - Pernada lateral, braço esquerdo estendido à frente, braço direito ao longo do corpo (trocar de lado) a cada duas pernadas; .... B-C

9 - Nadar dando ênfase à pernada; .... A-B-C

10 - Nadar dando ênfase às braçadas; .... A-B-C

11 - Variar o número de braçadas de cada lado: duas braçadas de um lado, dois do outro; três braçadas de um lado, três de outro; C

12 - Pernada lateral: 6 pernadas e 3 braçadas virando o lado da respiração; C

13 - Nadar durante a recuperação do braço, colocar os dedos nas axilias. Tomar cuidado para não prejudicar o final da braçada; .... B-C

14 - Dar a braçada com o braço e soltando, respirar do lado direito e manter o braço direito ao lado do corpo; C

15 - Propulsão nas pernas com o pé de pato para melhorar a flexibilidade articular e a potência das pernas; .... B-C

16 - Propulsão nas pernas com o pé de pato submerso:

10-frente; 10-lado; 10-frente; 10-lado direito;... C

17 - Realizar uma distância curta - 25 ou 50, nadando Crawl contando número de braçadas, realizar a mesma distância comparando a estrutura mecânica; C

18 - Realizar o exercício anterior marcando o tempo, enfatizando + eficiência = velocidade da mão durante o trajeto; .... B-C

19 - Nadar com as mãos fechadas, punhos cerrados; .... B-C

20 - Nadar com a cabeca fora d'água olhando o movimento dos braços; C

21 - Exercício de perna na vertical, com variações do braço e mãos na nuca, braço no prolongamento do corpo ou braço na lateral, auxiliando a flutuação. C

CRAWL

FASE	CORRETO	ERRADO	CORREÇÃO
Flutuação	Horizontal, praticamente a parte posterior da cabeça e costas fora da água.	Inclinado, cabeça alta.	Abaixar um pouco a cabeça melhora a propulsão das pernas, que auxilia no equilíbrio e sustentação.
Respiração	Eixo lateral, inspirando pela boca, expirando pela boca ou nariz.	Elevação da cabeça no momento da inspiração. Talvez pelo motivo de prender o ar e mão dentro da água.	Solicitar ao aluno durante o eixo, que olhe para o professor que deverá estar mais para trás do aluno que na lateral.
Propulsão de pernas	Movimentos acentuados, partindo da articulação coxo-femural - empurrando a água com o peito do pé.	Partir os movimentos da articulação do joelho, flexionando as pernas, realizar a propulsão fora da água.	Movimento das pernas na vertical, segurando a borda, acentuando o movimento. Quando o aluno sente que a perna fica dura na água é um sinal que melhorou.
Propulsão de braços	Movimentos alternados, um entra na água, outro sai.	Um braço espera o outro, prejudicando o ritmo e a velocidade.	Nadar com apenas um braço, enfatizando entrar com o braço na água e realizar a braçada sem esperar.

Costas - Exercícios

A = Aprendizagem
B = Aperfeiçoamento
C = Treinamento

1 - Sentado na borda da piscina, propulsão das pernas, tentando livrar os pés de um chinelo, tênis; ...... A

2 - Propulsão das pernas com os braços no prolongamento do corpo; .... A-B-C

3 - Propulsão das pernas, um braço à frente e outro ao lado; .... A-B-C

4 - Propulsão das pernas com as mãos na nuca; .... A-B-C

5 - Propulsão das pernas com os braços ao lado do corpo; .... A-B-C

6 - Propulsão nas pernas com pés de pato, braço no prolongamento do corpo; .... B-C

7 - Deitar na borda da piscina e realizar o movimento braço - uma braçada depois a outra; .... A

8 - Nadando ou propulsão de pernas, colocar um objeto - pedra, moeda, óculos na testa, para não modificar a posição da cabeça; .... B-C

9 - Nadando movimento somente o braço direito - propulsão das pernas intensa; .... B-C

10 - Nadando movimento somente o braço esquerdo - propulsão das pernas intensa; .... B-C

11 - 6 pernadas com braço à frente e outro atrás, trocar; .... B-C

12 - Nadar com braçada dupla; .... B-C

13 - Movimento do braço mais ou menos a 90 graus e soltar; C

14 - Movimento do braço mais ou menos a 65 graus e voltar; C

15 - Nadar com braço direito, trocar a cada 3 ou 4 braçadas; .... B-C

16 - Nadar 25 metros com a pernada forte; .... B-C

17 - Nadar 25 metros com a braçada forte; .... B-C

18 - Propulsão nas pernas, elevação do ombro esquerdo ou direto no tempo da braçada; .... A-B-C

19 - Nadar variando a inspiração no mesmo braço ou alternado, inspira numa braçada e expira na outra; .... B-C

21 - Nadar saindo da posição sentado e progressivamente passar à posição horizontal; C

COSTAS

FASE	CORRETO	ERRADO	CORREÇÃO
Flutuação	Horizontal, com a cabeça auxiliando a elevação dos quadris.	Afundar os quadris.	Elevar os quadris. Força abdominal. Incrementar pernas.
Respiração	Inspirar pela boca, expirar pelo nariz.	Respirar de outra forma.	Inspirar no braço direito e expirar no esquerdo.
Propulsão de pernas	Alternada, com 30 graus de amplitude, pés estendidos, iniciando o movimento, que vai até a coxa.	Flexionar as pernas e empurrar a água com os joelhos.	Sentar na borda da piscina, movimentar as pernas alternadamente. Caminhar na piscina.
Propulsão de braços	Entrada da mão com o dedo mínimo, saída com o polegar; braços raspando as orelhas; puxada para trás, para os lados e para baixo.	Bater as costas das mãos na entrada, não girar os ombros e não afundar o braço no início do movimento.	Olhar a mão do braço que sai da água (recuperação) e entrar com o dedo mínimo. Segurar a raia e realizar a braçada com o braço flexionado.

Golfinho - Exercícios

A = Aprendizagem
B = Aperfeiçoamento
C = Treinamento

1 - Propulsão das pernas - "homem ao fundo do mar"; .... B

2 - Realizar a braçada na posição vertical com os pés no fundo da piscina, cabeça fora d'água; .... A

3 - Realizar a braçada na posição vertical com os pés no fundo da piscina, cabeça dentro d'água; .... A

4 - Propulsão das pernas - posição dorsal, mão para trás; .... B-C

5 - Propulsão das pernas - posição dorsal - braços estendidos no prolongamento do corpo; .... B-C

6 - Propulsão das pernas e braços sem respiração; . A

7 - 4 braçadas e 1 respiração; .... B-C

8 - 3 / 2 / 1 braçadas e 1 respiração; .... B-C

9 - Nadar a segunda pernada mais forte e alternar; .... B-C

10 - Nadar com um braço, outro e completo, com a pernada intensa; .... B-C

11 - Nadar 2 braçadas de um lado, respirar, 2 do outro, respirar; .... B-C

12 - Propulsão das pernas com prancha, segurar com uma das mãos e trocar; C

13 - Propulsão nas pernas com a prancha, cabeça fora da água; .... B-C

14 - Propulsão nas pernas, braços estendidos e cabeça na água; .... B-C
15 - Propulsão nas pernas, cabeça fora d'água e braços para trás; C
16 - Propulsão das pernas laterais - alterando três de cada lado; .... B-C
17 - Propulsão nas pernas alternando com pé de pato lateral; .... B-C
18 - Propulsão nas pernas alternando com pé de pato frontal; .... B-C
19 - Nadar com as mãos fechadas, para após abrir e sentir a braçada; .... B-C
20 - Propulsão nas pernas na posição vertical, variação na posição dos braços, estendendo uma mão sobre a outra, ao lado do corpo ou mão na nuca; C

GOLFINHO

FASE	CORRETO	ERRADO	CORREÇÃO
Flutuação	Horizontal quando a cabeça está submersa, inclinado quando a cabeça sai d'água.	Posição horizontal	Realizar movimentos de ondulação.
Respiração	Frontal, cabeça saindo d'água até o queixo e inspirar o ar pela boca; expiração pelo nariz com a cabeça submersa no fim da braçada.	Levantar a cabeça além da posição certa.	Empurrar a água para os lados e para trás e menos para baixo.
Propulsão de pernas	Pernas unidas, gerando o movimento para cima e para baixo.	Pouca amplitude do movimento e mexer apenas os quadris.	Realizar os movimentos de perna em posição vertical e também nadando de costas.
Propulsão de braços	Afastamento lateral simultâneo, empurrando a água para trás, para baixo e para os lados.	Não afundar os braços e puxar a água para trás.	Fazer os movimentos parado.

Peito - Exercícios

> A = Aprendizagem
> B = Aperfeiçoamento
> C = Treinamento

1 - Professor na água, encostando na parede, segurando o aluno nos pés, ponta dos pés para fora; .... A

2 - Fora da água, o professor segura nos pés do aluno e orienta quanto a empurrar a água com a sola do pé, representada pela mão do professor; .... A

3 - Pernada com braços para trás - frontal; .... B-C

4 - Pernada com braços para trás - dorsal; .... B-C

5 - Pernada com braços estendidos à frente; .... B-C

6 - Uma pernada, depois a outra; C

7 - Exercício de força para as pernas: andando de bicicleta ou completa na posição vertical; C

8 - Nadar com o braço esquerdo, respiração braço direito, respiração e completo; .... B-C

9 - Exercício com câmara de ar ou raia, para não passar os cotovelos da linha dos ombros; C

10 - Pernada com a prancha; .... B-C

11 - Nadar com o braço direito estendido à frente, braçada com o esquerdo; .... B-C

12 - Nadar com o braço esquerdo estendido à frente, braçada com o direito; .... B-C

13 - Um ciclo de braçada e duas pernadas; C

14 - Um ciclo de braçadas e três pernadas; C

15 - Braçada de peito com flutuador, três braçadas e uma respiração, acelerando o cotovelo; .... B-C

16 - Braçada de peito na posição dorsal, realizar a braçada ao lado do corpo; C

17 - Pernada na posição vertical variando a posição dos braços - mãos na nuca, braço ao lado do corpo ou no prolongamento do corpo; C

PEITO

FASE	CORRETO	ERRADO	CORRETO
Flutuação	Horizontal quando a cabeça está submersa, inclinada quando a cabeça sai d'água.	Posição vertical	Horizontal quando a cabeça está submersa, inclinado quando a cabeça sai d'água.
Respiração	Frontal, cabeça saindo d'água para tomar o ar, inspirando pela boca; expiração pelo nariz com a cabeça submersa no fim da braçada.	Expiração no início da braçada	Frontal, cabeça saindo d'água até o queixo e inspira o ar pela boca; expiração pelo nariz com a cabeça submersa no fim da braçada.
Propulsão de pernas	Joelhos voltados para o fundo da piscina, pés empurrando a água para trás e para baixo formando um círculo no final.	Manter os joelhos mais próximos que a largura dos quadris e dar impulso para os lados.	Pernas unidas, gerando o movimento para cima e para baixo.
Propulsão de braços	Braços com afastamento lateral simultâneo, empurrando a água para trás, para baixo e para os lados.	Afastar os braços além da largura dos ombros, empurrar para trás.	Afastamento lateral simultâneo, empurrando a água para trás, para baixo e para os lados.

Capítulo 4

Bases Fisiológicas do Treinamento em Natação

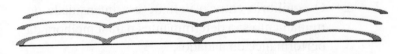

Os estudos sobre a fisiologia da natação foram acentuados a partir dos anos 60. Até então observamos melhora da performance dos atletas nas provas de 100 metros nos vários estilos. A grande ênfase dada à aplicação dos métodos de treinamento oriundos do atletismo como o treinamento intervalado (Interval trainning) na natação, divulgados pelo técnico australiano Forbes Carlile, fizeram com que melhorasse a performance dos atletas nas provas acima dos 200 metros. Com a divulgação na mesma década do primeiro livro de Coulsimann intitulado *A ciência da natação* e suas constantes experiências, a performance dos atletas melhorou ainda mais. Chegamos à década de 70 com muitos contrastes; enquanto muitos técnicos preconizavam o alto volume de treinamento, ou seja muita metragem; sabe-se que nos Estados Unidos, atletas de médio e alto nível treinavam de 16 a 20.000 metros diários em 12 sessões de treinos semanais; na Alemanha Ocidental e Oriental fisiologistas e médicos especialistas em medicina esportiva como Madsen, realizavam experiências sobre lactato sangüíneo, estudos musculares intracelulares, desenvolvendo trabalhos comprovando a produção e remoção de lactato, estudos sobre o volume máximo de oxigênio, dando uma ênfase maior ao equilíbrio do volume e intensidade e não de alto volume e realizando explicações fisiológicas das intensidades do treinamento através da freqüência cardiaca, concentração de lactato em milimoles e porcentagem do esforço realizado. Através destas experiências, surgiram alguns questionamentos como:

1 - Nem sempre um treino de alto volume é significativo para a melhora da performance.

2 - O equilíbrio entre o volume e a intensidade do treinamento são determinantes para a melhora da performance do nadador.

3 - Todos os nadadores e todas as provas da natação competitiva necessitam de um bom e significativo trabalho de base ou endurance aeróbica, pois é através de base aeróbica que as células musculares conseguem remover adequadamente e a nível satisfatório o lactato produzido através da intensidade do exercício físico.

4 - A dosagem da intensidade do treinamento durante os microciclos e mesociclos de treinamento e o tempo de recuperação das intensidades.

Na década de 80, a grande ênfase foi dada ao aprimoramento dos estudos sobre o lactato e a introdução da periodização do treinamento da natação.

Na década atual, parece-me que temos uma melhor conscientização do volume, intensidade, periodização e principalmente estudos e maior conscientização por parte dos técnicos.

Durante a realização do esforço físico, praticamente três tipos de energia atuam a nível muscular através de duas fontes energéticas: a aeróbica através da respiração e da cadeia alimentar (resultando a energia do ATP-CP, disponível no músculo ou do glicogênio muscular, a primeira alática e a segunda lática).

1. NUTRIÇÃO	PERFORMANCE ÓTIMA	7. CAPACIDADE DE ENFRENTAR E SUPOR PRESSÃO
2. EVITAR O SOB RETREINAMENTO		6. TÉCNICA ADEQUADA
3. REDUÇÃO DO TREINAMENTO DO POLIMENTO	4. VOLUME DE TREINAMENTO	5. INTENSIDADE DE TREINAMENTO ESPECÍFICO

1 - Cuidados e atenção no treinamento

Basicamente, *a arte do treinamento* está em *mantermos um bom equilíbrio entre volume* (metragem diária, semanal, mensal ou anual) e a *intensidade* (esforço realizado durante o exercício), relacionados com a *faixa etária, base anterior de treinamento, especialidade da prova,* e a *continuidade* deste trabalho.

Muitos programas não conseguem êxito devido à descontinuidade das atividades, bem como exageros, através de alto volume de treinamento como: semana da tortura, semana do inferno, etc. Um bom programa é aquele em que não ocorrem grandes modificações do que planejamos no papel e realizamos na prática.

Para que um técnico alcance uma boa performance com seus atletas é necessário que conheça e estude algumas estratégias fisiológicas como:

1 - Sistemas de energia utilizados durante o esforço físico;
2 - Produção e remoção de lactato;
3 - Limiar anaeróbico;
4 - Avaliação da intensidade do treinamento;
5 - Ciclos de treinamento;

6 - Aspectos fisiológicos que ocorrem durante a temporada ou planejamento;

7 - Intervalos, esforço e metragem das séries;

8 - Equilíbrio do volume e intensidade durante a temporada ou planejamento.

2. Sistemas de energia utilizados durante o esforço físico

Analisando os sistemas de energia utilizados durante o esforço físico, utilizamos para os atletas pré-pubertários e, principalmente, os iniciantes, atividades como *velocidade de reação e lançada, aeróbicas* (subaeróbicas, superaeróbicas e regenerativas) ou atividades da Zona I, II e III, como observamos no quadro 2b.

Outras atividades devem ser evitadas, principalmente por serem atividades anaeróbicas láticas, basicamente energia oriunda do sistema do glicogênio muscular, causando uma alta concentração de lactato, onde é necessária uma boa base aeróbica para sustentar a intensidade e auxílio na recuperação, base aeróbica essa ainda não tão bem desenvolvida nesta fase da natação. Durante anos obtive bons resultados com atletas iniciantes, realizando trabalhos com muita técnica, velocidade, base ou endurance aeróbica e conscientização.

Quadro 2a.

Nomenclatura utilizada pelo Prof. William

Atividades	Lactato	Pontes Energéticas	% esforço	Freqüência Cardíaca
Velocidade				
- reação	0 — 2	ATP-CP	100	180 — 200
- lançada	0 — 2	ATP-CP	100	180 — 200
- resistência	0 — 2	ATP-CP	100	180 — 200
- prolongada	0 — 2	ATP-CP	100	180 — 200
Potência Anaeróbica	12 — 18	Glicogênio	98 — 100	200 — 220
Tolerância Anaeróbica	10 — 16	Glicogênio	96 — 98	180 — 200
Resistência Anaeróbica	8 — 14	Glicogênio	95 — 98	180 — 200
Volume máximo O2 (VO2) L.A.	06 — 08	GLIC/02	93 — 95	160 — 200
Super Aeróbico	04 — 06	Oxigênio	85 — 92	140 — 180
Sub Aeróbico	02 — 04	Oxigênio	70 — 90	120 — 160
Regenerativo	0	Oxigênio	30 — 50	abaixo 100

Quadro 2b.
Nomenclatura e programa utilizados na União Soviética

Lactato	Zona	Kms	Atividade	Freqüência Cardíaca Mulher	Freqüência Cardíaca Homem	Intensidade
0 - 2m/m	I	5%	Regenerativo	até 130	até 135	Pouca
3 - 4m/m	II	13%	Manutenção	131-155	136-160	Média
5 - 7m/m	III	45%	Desenvolvimento Resistência Geral	155-175	161-180	Grande
8-10m/m	IV	35%	Potência Velocidade Mista	176 +	181 +	Alta
+ 10m/m	V	2%	Esforço máximo Velocidade competição	Imprevisível		Máxima

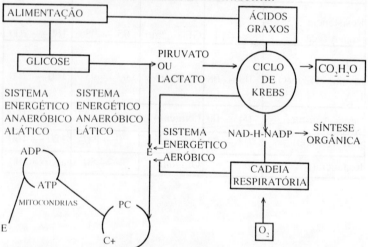

Trabalho mecânico muscular

GLUCOLISE - Padrão metabolismo de degradação nas glicoses nos mamíferos — é uma sucessão de 11 reações bioquímicas catalizadoras e recuperadas por enzimas.
EFEITO PASTEUR
A) Se a velocidade glucolítica é baixa como para permitir um trabalho mitocondrial eficiente o piruvato e NADH (nicotinamina — adenina — dinucleotido) formados se eliminam facilmente — não lactato.
B) Glucose rápida — mitocondrial inadequada (baixa atividade enzimática, pobre aporte de O_2), se forma lactato.

1. PARTICIPAÇÃO RELATIVA AERÓBICA DE DIFERENTES DISTÂNCIAS DE NADO.

PARTICIPAÇÃO RELATIVA AERÓBICA E ANAERÓBICA DE DIFERENTES DISTÂNCIAS DE NADO (COULSILMANN - 1974).

Energia de origem aeróbica ——————
Energia de origem anaeróbica lática —·—·—·—
Energia de origem anaeróbica alática — — — —

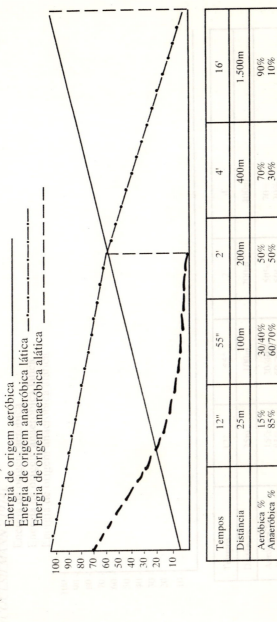

Tempos	12"	55"	2'	4'	16'
Distância	25m	100m	200m	400m	1.500m
Aeróbica %	15%	30/40%	50%	70%	90%
Anaeróbica %	85%	60/70%	50%	30%	10%

3 - Limiar anaeróbico

Consumo de oxigênio crítico a partir do acúmulo progressivo do lactato. É um estímulo que é capaz de uma resposta ventilatória acentuada. Situa-se entre o sistema energético superaeróbico e o volume máximo de oxigênio.

Dizemos que quanto mais o atleta aumenta sua capacidade aeróbica, mais retarda o seu anaeróbico, ou seja, sua freqüência cardíaca é menor, sua capacidade de remoção de lactato é satisfatória.

Um ótimo nadador fundita deve ter um anaeróbico elevado.

4 - Avaliação da intensidade do treinamento

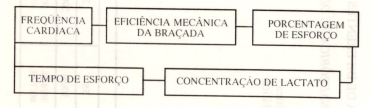

5 - Ciclos de treinamento

Podemos dividir o programa de treinamento em ciclos. Normalmente em natação desenvolvemos um programa anual de treinamento. Quando programamos um treinamento para nadadores de alto nível, podemos programar um *megaciclo* de treinamento que compreende *4 macrociclos*, compreendendo cada *macrociclo* uma programa anual de vários *mesociclos* e vários *microciclos* de treinamento. Utilizamos o programa de ciclos para qualquer faixa etária. Temos que ter a noção de quantos microciclos, ou seja, semanas, nosso programa constará. Geralmente, os microciclos *básicos* compreendem 2/4 do programa, o *específico* 1/4 e meio e o polimento 1/4.

Dependendo da faixa etária e nível, podemos realizar macrociclo com um tope, 2 topes ou 3 topes ou objetivo anual. Acredito que para os atletas pré-pubertários um objetivo durante o ano auxilia os atletas na obtenção de base aeróbica.

PROGRAMA COM UM TOPE ANUAL

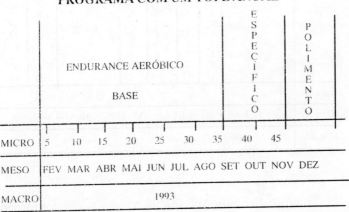

Para os atletas de médio nível ou categorias juniores a seniores, um macrociclo com dois topes ou objetivos tem mostrado bom resultado.

PROGRAMA COM 2 TOPES ANUAL

Para os atletas de alto nível ou nível internacional o macrociclo com 3 topes é interessante, sendo que objetivando o período básico mais longo, no início e mais curto no final.

PROGRAMA COM 3 TOPES ANUAL

	BASE	ESPECÍFICO	POLIMENTO	ESPECÍFICO	POLIMENTO	BASE	ESPECÍFICO	POLIMENTO
MICRO	5 10 15	20	25	30	35 40 45			
MESO	AGO SET OUT NOV DEZ		JAN FEV MAR ABR MAI JUN					
MACRO	1993				1994			

Como afirmamos no início, o macrociclo compreende vários mesociclos. Podemos considerar um mesociclo de 4 semanas ou de 5 semanas. Os técnicos russos consideram os mesociclos, período de 14 semanas. Costumo utilizar, durante um macrociclo, 8-9 mesociclos, sendo que o primeiro meso é mais longo, ao redor de 6 semanas.

Para iniciarmos o planejamento do programa temos que partir da competição mais importante, até chegarmos ao início da temporada ou programa.

MEGACICLO TREINAMENTO	Período de 4 anos de treinamento
MACROCICLO TREINAMENTO	Período anual de treinamento
MESOCICLO TREINAMENTO	Período de 4 semanas ou mais, dependendo dos objetivos
MICROCICLO TREINAMENTO	Período de 7 dias, ou seja, uma semana de treinamento
SEMANA DE SUPER-COMPENSAÇÃO	Ao final do mesociclo, quando o treinador deseja aliviar a intensidade dos seus treinos.

INTENSIDADE DOS MICROCICLOS

VOLUME 1ª à 11ª Semana

	S	T	Q	Q	S	SAB	DOM
ÁRDUO							
MODERADO							
FRACO							
REGENERATIVO							

VOLUME + INTENSIDADE 12ª à 14ª Semana

	S	T	Q	Q	S	SAB	DOM
ÁRDUO							
MODERADO							
FRACO							
REGENERATIVO							

POLIMENTO

	S	T	Q	Q	S	SAB	DOM
ÁRDUO							
MODERADO							
FRACO							
REGENERATIVO							

7 - **Aspectos fisiológicos que ocorrem durante a temporada ou planejamento**

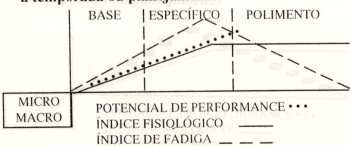

7 - Intervalos - esforço e metragem das séries

Segundo Coulsimann no seu livro *Ciência da Natação*, através de um modelo simples podemos construir várias séries com *determinados volumes* e *intensidades*:

D = distância a ser nadada - 400 metros
I = intervalo de descanso - 30"
R = repetição a ser nadada - 8x50 metros
T = tempo de cada 50 metros - 30"

O *intervalo* determina o esforço - para exercícios de *alta intensidade* é necessário *intervalo longo* - para exercícios de *baixa intensidade* é necessário *intervalo curto*.

Exemplos:

Objetivo Aeróbico	Objetivo Anaeróbico Lático
D = 1.000	D = 500
I = 15"	I = 700 (420")
R = 10 x 100	R = 5 x 100
T = 1.15 para cada 100	T = 100 para cada 100

8 - Equilíbrio do volume e intensidade durante a temporada

Muitos técnicos estão entusiasmados e motivados no início de um programa de treinamento e em razão disto acentuam demais o volume no início, sem uma visão global do seu programa. Como foi dito anteriormente, temos que realizar um plano e segui-lo o melhor possível. Durante as semanas de base podemos acentuar mais o volume, iniciando por um volume menor do que ao chegarmos ao final do programa básico; na etapa seguinte de volume e intensidade, mantemos o volume realizado e acentuamos a intensidade; e, no polimento, diminuímos o volume e a intensidade de acordo com o volume realizado anteriormente.

9 - Volume e intensidade de acordo com a faixa etária

Faixa etária	Duração	Freqüência semanal	Exercícios em terra	Volume	Intensidade
A - 08 anos	60'	3 a 4x	recreativos-corridas formação corporal	1.000/1.500	aeróbica ou I-II anaeróbica alática
B - 09 e 10 anos	90'	4 a 6x	recreativos-corridas formação corporal	1.500/4.000	aeróbica ou I-II anaeróbica alática
C - 11 e 12 anos	90' a 120'	4 a 6x	recreativos-corridas formação corporal elástico	2.500/5.000	aeróbica (sup-super) ou I, II e III anaeróbica alática
D - 13 e 14 anos	90' a 120'	4 a 6x	recreativos-corridas formação corporal elástico	3.000/6.000	aeróbica (sub-super) ou I, II, III VO_2 máximo anaeróbica alática
E - 15 e 18 anos	120'/180'	6 a 10x	recreativos-corridas elástico-musculação abdominais-dorsais	4.000/7.000	todas as intensidades dependendo das provas e fase do treinamento.
F - Acima de 18 anos	120'/180 ou 60'estudo trabalho)	6 a 10x	recreativos-corridas elástico-musculação abdominais-dorsais	4.000/7.000	todas as intensidades dependendo das provas e fase de treinamento

10. Exemplos de sessões de treinamentos nas diferentes faixas etárias

A. 08 ANOS

Conteúdo

1.- 200 metros recreativos*
2.- 8x25 perna - saídas com o técnico
3.- 8x25 exercícios corretivos Crawl saída com o técnico
4.- 2x15 metros nadando Crawl 1'00
5.- 4 viradas de Crawl
6.- 600 nadando - 50 costas/50 Crawl
7.- Revezamento 15 metros com prancha

* recreativos:- nadar submerso, imitar peixe, nadar em dupla. orientação do técnico

Intensidade Energia

recreativo/aquecimento
técnica
técnica

anaeróbica alático
técnica
subaeróbico ou II
velocidade e recreativo
anaeróbica alática

B. 09-10 anos

Conteúdo

1.- 300 metros recreativos
2.- 3x 2x50 perna - 20"
    2x50 nadando - 20"
    1º - crawl 2º - Costas 3º - peito
3.- 6x50 - exercícios corretivos costas saída com o técnico.
4.- 3x15 metros nadando costas 1'00
5.- 5 viradas de costas
6.- 2 x 300 nadando Crawl - 30"
    200 nadando medley (25)-30"
    100 nadando costas - 20"
    entre as séries 2'00 de prelação do técnico, analisando a 1ª série
7.- Recreativo/pegador/jogo de tubarão

Intensidade Energia

recreativo/aquecimento
subaeróbica/técnica

técnica

anaeróbica alático
técnica
subaeróbico

recreativo/velocidade

C - 11 e 12 anos

Conteúdo

1.- 30 nadando - 50 à vontade - 50 Crawl em duplas. 100 medley (25) 100 Crawl 25 progressivo; 25 fraco.
2.- 4x100 nadando - 20"1/3 - correção, variando os exercícios a cada 25 metros.
   2/4 - no mesmo estilo corrigido contando o nº de braçadas.
3.- 4x25 nadando 1 para cada estilo 1'00
4.- 400 nadando optativo com as viradas forte.
5.- 1.500 nadando Crawl cada 500 + forte
6.- 300 perna cada 100 + forte 100 Crawl/ 100 peito/100 golfinho.
7.- 10x100 nadando - 30"- 1 à 4 Crawl
   6 à 9 Crawl
   5 e 10 medley(25)
8.- 200 relaxando
9.- Revezamentos em 25 metros com camiseta 2 estilos.

Intensidade Energia

Aquecimento/recreativo jogo de velocidade

técnica

anaeróbica alático
regenerativo/técnica

subaeróbico
subaeróbico/técnica

superaeróbico

regenerativo
recreativo/velocidade

D - 13 e 14 anos

Conteúdo

1.- 400 nadando - (100 medley-100 Crawl) 2x
2.- 10x50 nadando 25 progressivo/25 fraco 20"
3.- 400 braço - (50 Costas-100 Crawl-50 peito)
4.- 16x25 correção - 30" melhor estilo
5.- 2 x (3x25) nadando 1'00 entre séries 3'00 - 1ºs. golf. 2ºs. Costas
6.- 500 nadando optativo
7.- 3x400 nadando progressivo 1 à 3 Crawl 1'00 --1º 75% - 2º 80% - 3º 85%
8.- 200 nadando costas
9.- 8x50 perna melhor 20"
10.- 4x50 nadando a cada 3'00
11.- 400 nadando à vontade

Intensidade Energia

aquecimento
jogo de velocidade
subaeróbica c/sobrecarga
técnica
velocidade/anaeróbica alática
regenerativo
volume máximo de oxigênio
regenerativo
subaeróbico/técnica
potência anaeróbica
regenerativo

E - 15 a 18 anos

Conteúdo

Intensidade Energia

1.- 500 nadando a cada 100 metros realizar uma saída
2.- 5 viradas
3.- 4x 1x50 correção melhor 20"
         2x25 correção pior estilo 20"
4.- 300 nadando 25 progressivo/25 normal

Aquecimento/técnica

técnica
técnica
técnica
jogo de velocidade
aplicação técnica anterior

FUNDO

5.- 2.000 nadando Crawl o $2^{\underline{o}}$ 1.000 + forte
6.- 8x50 perna 1'00 - 1 Crawl - 1 golfinho
7.- 200 relaxando
8.- 2 x (10 x 100) Crawl a cada 1.25, 1.30 ou 1.40 intervalo entre as séries 100 perna pior estilo.
9.- 400 relaxando

subaeróbica
subaeróbica/técnica
regenerativo
superaeróbica

regenerativo

MEIO FUNDO

5.- 1.500 nadando no melhor estilo cada 500 + forte
6.- 2x (100 perna - 100 braço) melhor estilo
7.- 10 x 100 nadando Crawl 40" 90%
8.- 300 relaxando
9.- 1 x 200 (quebrado 4x50 - 10") melhor
10.- 300 relaxando

subaeróbica

subaeróbica

volume máximo de oxigênio
regenerativo
ritmo competição/potência anaeróbica
regenerativo

VELOCISTAS

5.- 8x100 nadando 10" Crawl
6.- 8x50 perna a cada 1'00 melhor
7.- 300 nadando 25 progressivo/25 fraco

8.- 20x25 nadando à cada 30"
9.- 300 relaxando
10.- 5 saídas
11.- 800 nadando alternando os estilos

subaeróbica
subaeróbica - técnica
jogo de velocidade e técnica
velocidade prolongada
recreativo
técnica
regenerativo

Capítulo 5
Psicologia do Treinamento

Acredito que as atividades psicológicas a serem desenvolvidas com os nadadores deverão evoluir muito até o ano 2000. Talvez das ciências com as quais a natação se relaciona, a psicologia seja a menos estudada, pesquisada e aplicada, devido à falta de interesse dos profissionais da área, assim como à resistência dos próprios técnicos em aplicá-la e principalmente entendê-la, pois muitos técnicos utilizam constantemente as estratégias da psicologia, mas não compreendem o porquê das estratégias. Praticamente todo o técnico tem um grande poder de liderança sobre seus atletas, seja por motivos de ter sido atleta no passado e vivenciado a situação do atleta ou de um time, ou por motivos de ser um professor de Educação Física, em que a condição mais importante é a liderança.

Na natação encontramos praticamente três tipos de técnicos:

1. Técnicos que não possuem muito conhecimento científico, na maioria das vezes não sabem o motivo da aplicabilidade dos seus treinos, mas sabem, pela experiência ou porque deu certo com outros atletas e técnicos, que determinado treinamento dará certo. Geralmente são técnicos com uma grande capacidade de liderança.

2. Técnicos que possuem um ótimo conhecimento científico, sabem muito da natação teoricamente,

mas têm dificuldades em colocar os conhecimentos teóricos na prática. Geralmente têm dificuldades na condução do time; em exercer sua liderança sobre os atletas e em fazê-los acreditar no programa e no sucesso deste.

3. Técnicos que praticamente conseguem reunir as qualidades mencionadas e destacadas nos dois tipos anteriores. Conhecimento teórico, aplicabilidade no programa, liderança e o mais importante: sempre estar procurando respostas para as suas dúvidas e estudar, mas estudar muito.

Como a nossa proposta nestes relatos é oferecer dados para os professores ou técnicos iniciantes e que trabalham com atletas em formação, um dos atributos do técnico que inicia ou possui um time em formação é o *interesse pelo desenvolvimento* dos atletas de uma maneira integral. Isto quer dizer, o atleta não é somente uma máquina de fazer tempos, de ir e voltar na piscina, olhar azulejos e principalmente segurar o cargo ou lugar do técnico, mas é acima de tudo um indivíduo em formação que, quando terminar sua fase ou etapa de nadador, deverá ser um indivíduo integrado dentro da sociedade. A partir deste objetivo começamos o trabalho psicológico com o atleta, primeiramente desenvolver nos atletas atitudes de pessoa, de gente e depois atitudes de atletas ou paralelamente as duas coisas.

Podemos dividir as atividades psicológicas em quatro partes: as atitudes e atividades dos atletas; dos técnicos; dos pais e companheiros; e da infraestrutura (clube, escola, diretores etc.)

1 - Atletas

- Traçar objetivos e metas no início da temporada. Conscientizar-se através das metas do seu papel dentro do programa.

- Acreditar no programa e nos ensinamentos do técnico.
- Desenvolver atitudes positivas durante os treinamentos e competições.

2 - Técnicos:

- Traçar objetivos e metas no início da temporada.
- Estar sempre atualizado, conhecendo e modificando, caso seja necessário seu programa.
- *Conhecimento maturacional* do seu atleta, a faixa etária na qual se situa; o crescimento físico e intelectual, os conhecimentos sobre a competição, pressão de acordo com sua capacidade de prontidão orgânica, evitando sobrecarga inadequada, oriunda de faixas etárias mais desenvolvidas.
- *Desenvolver estratégias motivacionais* como jogos, acampamentos, variação e criatividade das séries e dos treinos. Variação do programa nas temporadas.
- *Desenvolver estratégias como dinâmica de grupo* (a partir de um assunto que pode ser problema do atleta ou do time — atletas na faixa etária acima dos 13 anos, pois eles entendem melhor), desafios através de séries, melhora de tempo ou revezamentos, etc.
- *Exercer pressão gradativa nos seus atletas,* iniciando com competições de baixa pressão e gradativamente aumentar, ou atitudes dentro dos treinamentos como incentivo, evitar confrontos desnecessários, principalmente na fase inicial.
- *Desenvolver reuniões de conscientização* com os atletas e de **informações**, principalmente com os pais. Temos que lembrar que nós sabemos e conhecemos natação a nível de regras, treinamentos e outros dados, mas os pais dos atletas iniciantes não sabem da realidade da natação. Nossos grandes colaboradores são os pais, principalmente os bem informados.

3 - Pais e Companheiros

- Acreditar no trabalho do técnico acima de tudo. Muitos pais, mesmo não acreditando no trabalho do técnico, confiam o seu filho na realização do programa, ou por comodismo por ser associado do clube ou porque a escola é perto, e muitos continuam criticando o técnico, prejudicando o rendimento do seu filho.
- Cooperação com o trabalho do técnico. Muitos pais confundem cooperação com entender de natação. Para colaborar com o técnico é importante saber dos objetivos do programa; horários dos treinos e competições. Quantos pais não levam seus filhos para as competições, pois é cedo demais ou atrapalha outros programas. É importante lembrar que psicologicamente, para os atletas, é importante a colaboração e atitude dos pais.
- Atitudes positivas dos companheiros também auxiliam muito a melhora da performance dos atletas.

4 - Infra-estrutura

- Responsável pela continuidade da realização do programa. Manter a motivação dos atletas, dando e fornecendo condições para a realização de treinos (piscina aquecida, local para a ginástica), competições (planejamento do custo de todos os eventos da temporada). São detalhes diretamente relacionados com os aspectos psicológicos. Os eventos organizados pelas Federações ou Escolas e Clubes devem trazer o atleta para a piscina e não afastá-los com competições adequadas para as diferentes faixas etárias, principalmente no aspecto da *duração*. Eventos longos para principiantes afastam o atleta e os pais das piscinas, assim como o público.

Inúmeros técnicos e atletas preocupam-se com o fator psicológico somente nas semanas que antecedem o grande evento, incorrendo em erro, pois o processo psicológico deve ser desenvolvido durante toda a temporada e deve ser acentuado nas semanas próximas ao evento de maior importância. Acredito que o técnico que deseja obter sucesso com os seus atletas psicologicamente, deve traçar suas estratégicas psicológicas acima descritas, com uma perfeita coordenação entre as quatro partes.

Mas como o atleta inicia o processo das atividades psicológicas da sua temporada?

Com o auxílio do seu técnico através da definição das metas e objetivos a serem atingidos durante a temporada. Talvez a maior das dificuldades do técnico na atividade psicológica seja conscientizar metas e objetivos e persegui-las freneticamente até o final. Muitos atletas iniciam a temporada sem objetivos, ou quando têm a coragem de defini-los encontram dificuldades em desenvolvê-los.

É importante para os nadadores iniciantes falarmos a respeito dos objetivos da natação durante a temporada e principalmente no transcorrer da sua vida como atleta. Aonde ele poderá chegar, ou seja, objetivos a longo prazo. A melhora da performance a curto prazo, seja nos tempos, colocações, estilos, elogios e a manutenção dos objetivos a longo prazo, é que mantém a motivação dos atletas.

Uma das definições da motivação é a integração entre os fatores internos do indivíduo (gostar de nadar, competir, companheiros, viagens, medalhas, troféus) e os fatores externos (técnico motivado, bom programa, piscina em ótimas condições, time unido, clube em condições etc.). Se conseguirmos integrar o atleta dentro dos fatores externos podemos conseguir ótimos resultados.

Conclusões

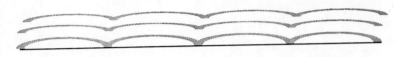

A proposta dos relatos é a de dar uma visão genérica e uma introdução ao treinamento em natação e principalmente uma base para os professores e técnicos de clubes e escolas de natação que estão iniciando ou que tenham atletas iniciantes.

Definir metas e objetivos; traçar um planejamento de atividades coerentes com a faixa etária dos atletas; definir um macroprograma com seus mesos e microciclos, escolhendo as competições interessantes e adequadas de acordo com o nível dos atletas; realizar exercícios técnicos de estilos, saídas e viradas, ritmo de provas; realizar os treinamentos com fundamentos fisiológicos como os propostos, parece-me ser os itens mais importantes da melhora da perfomance dos atletas.

Não devemos esquecer que o interesse do professor ou técnico pelos eventos competitivos ou pelo esporte é de suma importância para os atletas, assim como considerá-los como iniciantes e futuros atletas que possam ser campeões, recordistas não somente de piscinas, mas da vida.

Ao relatar e ler os dados fornecidos, achei muito interessante o capítulo II, sobre os exercícios, principalmente na proposta de apresentar as características do estilo, os erros normalmente encontrados e as soluções.

As idéias e as experiências estão aí para serem aplicadas, criticadas e modificadas; espero que tenham aproveitado.

Saudações aquáticas.

Bibliografia

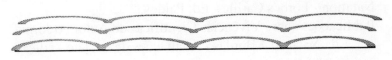

Natação - Ciência e Técnica - nº 01 - J. Coulsimann
Natação - Ciência e Técnica - nº 02 - J. Coulsimann
Fundamentos de Cinesiologia - Raul Settineri e Raul Rodrigues.
Manual and Lessons e Plans - Charles Silvia
Resumo das Palestras - Livro da Clínica da ASCA - 1981 - Chicago - USA.
Resumo das Palestras - Livro da Clínica da ASCA - 1984 - Chicago - USA.
Resumo das Palestras - Livro da Clínica da ASCA - 1987 - Las Vegas - USA.
Swimming Faster - Ernie Maglischo - Edit. MayField - 1982
Swimming Even Faster - Ernie Maglischo, Editora MayField, 1993.
Natation Sportive - Dossier Tecnics - Scelles, Deleaval e Martinz - Publicação da Federação Francesa de Natação.
Avaliações fisiológicas do Projeto Kibon de Natação - biblioteca e arquivos da Kibon Indústrias Alimentícias S.A. I, II, III, IV, V, VI, VII, VIII e IX, X, XI, XII, XIII, XIV, (1987 a 1990).
Revista de Atualização em Ciências do Esporte - ABCD - Publicação da Byositem da Argentina - nºs 1, 2, 3 e 4.
Brooks C.A. *The Lactate shuttle during exercises and recovery* - Med. Sport. Exerc. 18: 360-368 (1986).

Resumo das palestras sobre a Natação Russa - Realizada em São Paulo sob a supervisão da Federação Paulista de Natação - 1989 - Prof. Valery Filatov.

The Science of Teaching Swimming - Meryn L. Palmer.

Natation - Forbes Carlile - Ed. Paidos.

Publicações sobre Vivências Científicas do Autor no Jornal da Natação 4 Bordas - Avaliações de Lactato - edição nº 02.

Treinamento de Velocidade - edição nº 05.

Tornar o impossível, possível - edição nº 09

A Psicologia da Aprendizagem - Paul Mussen - Universidade da Califórnia.